CB077373

Equilibrium

O pequeno livro para resgatar seu equilíbrio pessoal e profissional!

Emerson A. Ciociorowski

Equilibrium

O pequeno livro para resgatar seu
equilíbrio pessoal e profissional!

EDITORA
**IDEIAS&
LETRAS**

DIREÇÃO EDITORIAL:
MARCELO C. ARAÚJO

COMISSÃO EDITORIAL:
AVELINO GRASSI
EDVALDO ARAÚJO
MÁRCIO FABRI

COPIDESQUE E REVISÃO:
ANA ALINE GUEDES DA FONSECA DE BRITO BATISTA
THIAGO FIGUEIREDO TACCONI

ILUSTRAÇÕES E PROJETO GRÁFICO:
ÉRICO LEON AMORINA

© IDEIAS & LETRAS, 2014.

EDITORA IDEIAS & LETRAS

Rua Diana, 592
Cj. 121 - Perdizes
05019-000 - São Paulo - SP
(11) 3675-1319 (11) 3862-4831
Televendas: 0800 777 6004
www.ideiaseletras.com.br

Dados Internacionais de Catalogação na Publicação (CIP)
(Câmara Brasileira do Livro - SP - Brasil)

Ciociorowski, Emerson A.
Equilibrium: o pequeno livro para resgatar seu equilíbrio pessoal e profissional / Emerson A. Ciociorowski. - 1ª ed.
São Paulo: Ideias & Letras, 2014.

ISBN 978-85-65893-44-2

1. Equilíbrio 2. Equilíbrio (Psicologia) 3. Equilíbrio - Citações, máximas etc. 4. Vida pessoal 5. Vida profissional I. Título.

13-10029   CDD-158.1

Índices para catálogo sistemático:

1. Equilíbrio pessoal: Vida pessoal e vida profissional: Psicologia aplicada 158.1

Nota do autor

Tudo no universo tende ao equilíbrio.

No próprio estado de caos a tendência natural é o retorno ao equilíbrio.

Assim são a natureza que nos cerca, nosso corpo e o próprio processo de estresse.

No mundo moderno, encontramo-nos diante de alguns dilemas:

Como conseguir balancear nossa vida pessoal e profissional?

Como balancear nossa vida para não desequilibrarmos nosso corpo?

Como manter nossa mente em equilíbrio?

Essas e outras dicas são o assunto deste pequeno livro.

Quero provocá-lo a repensar seu equilíbrio.

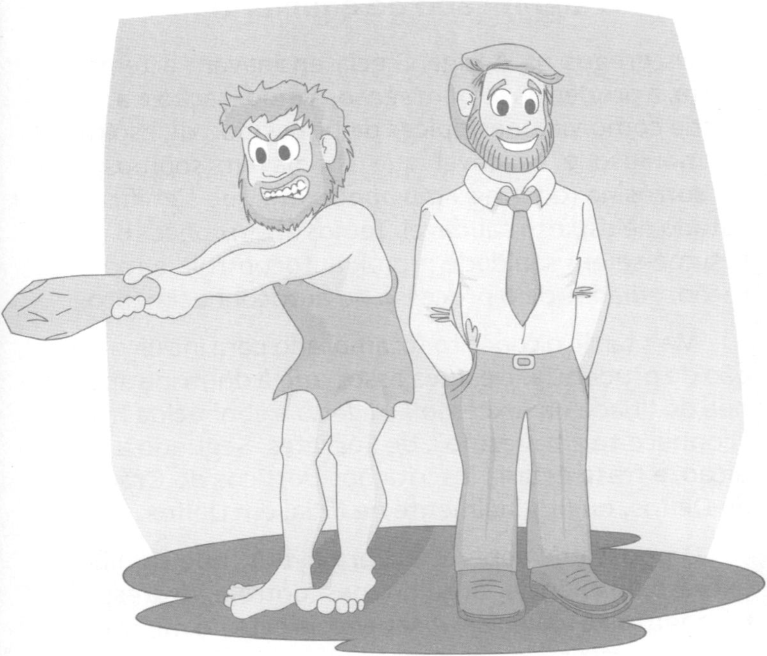

O significado de *equilibrium*

Os gregos na Antiga Grécia ensinavam a temperança, a prudência, o bom senso, a moderação e a modéstia como virtudes típicas de um estado de espírito harmonioso e saudável que chamavam *sophrosyne* ou **sofrósina** (do grego **σωφροσύνη**), que significa: o estado de espírito saudável. Temos aí um conceito que resume-se em sanidade moral, autocontrole e moderação, guiados pelo processo do autoconhecimento.

Mais tarde o conceito foi ampliado para incluir a noção de prudência, e estava associado à doutrina apolínea do "nada em excesso" e ligado à conhecida frase "conhece-te a ti mesmo", de Sócrates. Segundo a tradição, a frase estaria inscrita nos pórticos do Oráculo de Delfos, ou originalmente de Pítia, em Delfos.

O oposto de *sophrosyne* era *hybris*, que significa excesso, insolência, orgulho, descontrole, desrespeito, angústia e violência. A sabedoria está no meio; evitar os excessos.

Dicionário Houaiss - Equilíbrio:

1) Na Física: condição de um sistema físico no qual as grandezas que sobre ele atuam se compõem, para não provocar nenhuma mudança em seu estado;

2) Posição estável de um corpo;

3) (Fig.) Estado ou condição do que se mantém constante;

4) Distribuição, harmonia.

Dicionário Aurélio - Equilíbrio (do latim *aequilibrium*):

1) Na Física: estado que é invariável com o tempo;

2) Estabilidade mental e emocional.

Portanto, toda mudança provoca desequilíbrio.

"Percepção é um fenômeno aprendido. A maneira como experimentamos o mundo e o nosso corpo é um comportamento aprendido. Mudando as nossas percepções, nós podemos mudar a experiência do nosso corpo e do mundo."

Deepak Chopra

Nos processos de *coaching* que realizo no meu dia a dia, cada vez mais a questão que se torna mais evidente é a necessidade manifesta pelas pessoas em busca de equilíbrio entre sua vida pessoal e sua vida profissional.

A notícia ruim é que ninguém pode resolver esse assunto para você. A boa notícia é que, se você assumir a responsabilidade pela própria vida, poderá sim chegar ao tão desejado equilíbrio. Além do mais, trazer a responsabilidade para si transforma você em um ser livre.

É aí que reside o verdadeiro poder!

Uma das grandes missões que temos é o nosso próprio processo de evolução. Para evoluirmos, necessariamente temos de passar por processos de mudança.

Ora, se estamos constantemente em processo de evolução, estamos em processo contínuo de mudança, o que gera desequilíbrios. Assim, vivemos num processo que chamo de "equilíbrio dinâmico".

Quando equilibramos um setor de nossa vida, passamos por outro desafio que é o desequilíbrio de algum outro aspecto.
E assim, vamos evoluindo...
Vamos ver agora o que o cabalista Yehuda Berg pode nos ensinar sobre equilíbrio:

"Tem sempre algo difícil acontecendo conosco. Se não é uma coisa, é outra, não é mesmo?
Às vezes sentimos que mal acabamos de superar um desafio e, quando nos damos conta, temos outra batata quente assando em nossas mãos.
É o suficiente para nos perguntarmos:

'Será que a vida nunca vai ficar mais fácil?'

Ensinamos que desafios são nossas maiores oportunidades de revelar Luz.

Quando o esforço exigido é maior, isso significa que haverá satisfação maior quando o superarmos.

Quanto maior o desafio,
maior a Luz."

"Não vos inquieteis pelo
dia de amanhã.
Basta a cada dia o seu mal."

Mateus, 6 : 34.

"Só existem dois dias no ano em que nada pode ser feito. Um chama-se ontem e o outro amanhã, portanto, hoje é o dia certo para amar, acreditar, fazer e principalmente viver."

Dalai Lama

"Nada é permanente,
exceto a mudança."

Heráclito de Éfeso
(540-480 a.C.)

Oração da Serenidade
Reinhold Niebuhr (1892-1971)
Teólogo do Union Theological Seminary

Deus, concedei-me
serenidade para aceitar as coisas
que eu não posso modificar;
coragem para modificar as coisas que posso,
e sabedoria para perceber a diferença.
Vivendo um dia de cada vez; desfrutando um
momento por vez; aceitando as dificuldades
como o caminho da paz.
Tomando, como ele fez, esse mundo pecaminoso
como ele é, não como eu gostaria que fosse;
confiando que ele fará todas as coisas certas se eu
me submeter à sua vontade.
Que eu possa ser razoavelmente feliz nessa vida;
E infinitamente feliz com ele para
sempre na próxima.
Amém.

"Em nossa sociedade hoje, nós esquecemos algumas vezes de balancear nosso coração com nossa mente; essa é a razão de pararmos de rir."

Yakov Smirnoff

Estresse: "Resposta não específica do organismo frente a qualquer mudança".

Hans Selye
Primeiro pesquisador sobre o tema e quem introduziu o termo "estresse" na medicina.

10 Dicas *Equilibrium* para gerar o seu equilíbrio.

1. Criar uma nova rotina para as tarefas básicas, passando a resolver as coisas mais simples num tempo determinado;
2. Criar o hábito de definir tempo para questões de caráter pessoal;
3. Fazer uma lista de tarefas diariamente;
4. Aprender a viver o tempo do agora;
5. Aprender a eleger prioridades;
6. Simplificar de maneira voluntária tudo em sua vida;
7. Mudar seu horário para estar no trânsito;
8. Saber escolher o "prato" que deve equilibrar;
9. Fazer um *break* diário fora do horário de trabalho;
10. Aprender a "viajar na maionese". Dar asas para a imaginação.

"Seu quarto deve ser destinado a duas atividades: dormir e fazer sexo."

Dr. Martin Moore-Ede e Deepak Chopra

"Como médico e homeopata posso resistir a dar um tranquilizante para dormir. Mas entre um paciente dormir e não dormir, em certos casos, prefiro o tranquilizante até eu encontrar outras maneiras de lidar com a insônia."

Dr. José Roberto Kater

Médico, Membro da Associação Brasileira de Antroposofia
Homeopata e Nutricionista

Dicas para dormir, seguindo o ritmo da natureza:

1. No seu trabalho, procure criar uma rotina em que as tarefas mais leves fiquem para o final da tarde: fazer alguns telefonemas, ler o noticiário, realizar tarefas mais mecânicas;
2. Evite reuniões no final da tarde. Além de serem menos produtivas, poderão prejudicar mais seu sono à noite;
3. Procure jantar comidas mais leves até às 20 horas;
4. Procure dormir às 22 horas – quando se unem Kapha e Pitta, segundo a Ayurvédica;
5. Evite atividades estimulantes, dinâmicas ou que exijam muita concentração antes de dormir;
6. Evite assistir TV à noite;
7. Prepare-se para dormir meia hora antes da hora pretendida. Não leia na cama nem veja televisão no quarto;
8. Quando for viajar, deixe o controle remoto da TV na recepção do hotel;

9. Procure acordar mais cedo;

10. Procure escutar músicas relaxantes;

11. Problemas do escritório serão resolvidos mais facilmente amanhã, depois de uma boa noite de sono;

12. Tome um chá sem cafeína ou leite morno antes de dormir (leite tem proteínas que ajudam a dormir);

13. Não tenha telefone na cabeceira. Use secretária eletrônica. Notícias de desastres chegam muito rápido, e chegam mesmo.

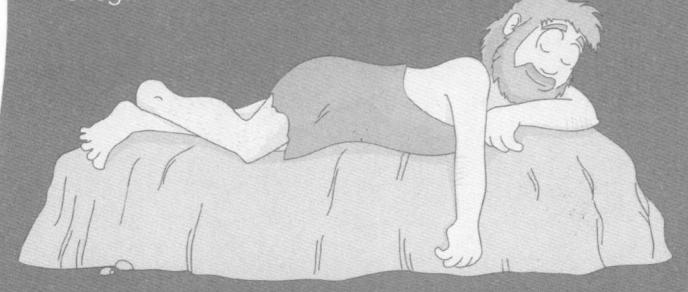

> "Estresse é apenas a adaptação do nosso corpo e da nossa mente ao processo de mudança."
>
> Peter G. Hanson

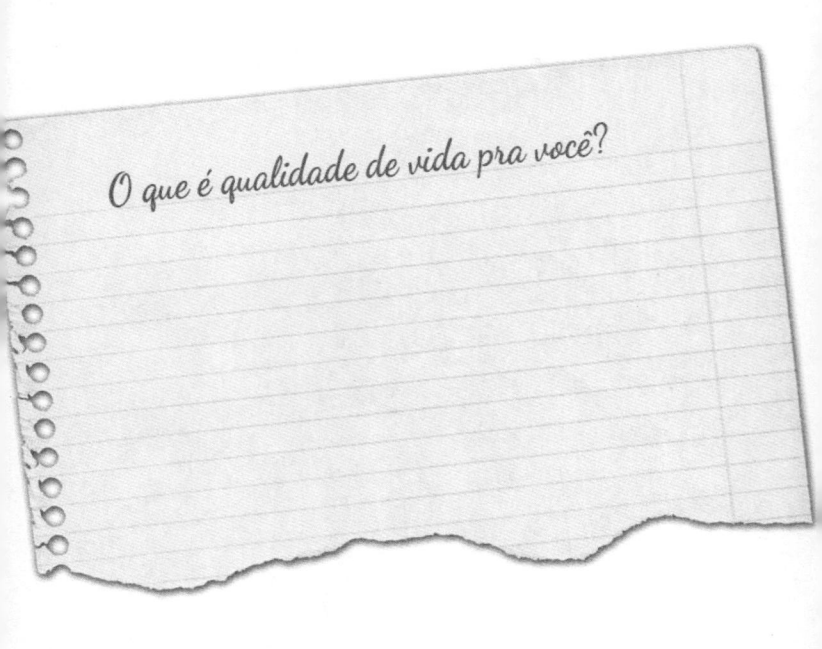

O que é qualidade de vida pra você?

"A vida não é medida pelo número de vezes que você respirou, mas pelos momentos em que você perdeu o fôlego."

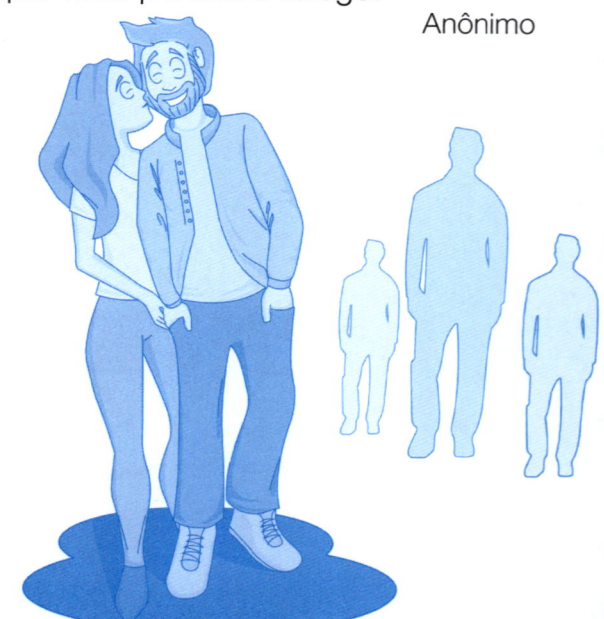

Anônimo

"O valor das coisas não está no tempo que elas duram, mas na intensidade com que acontecem. Por isso existem momentos inesquecíveis, coisas inexplicáveis e pessoas incomparáveis."

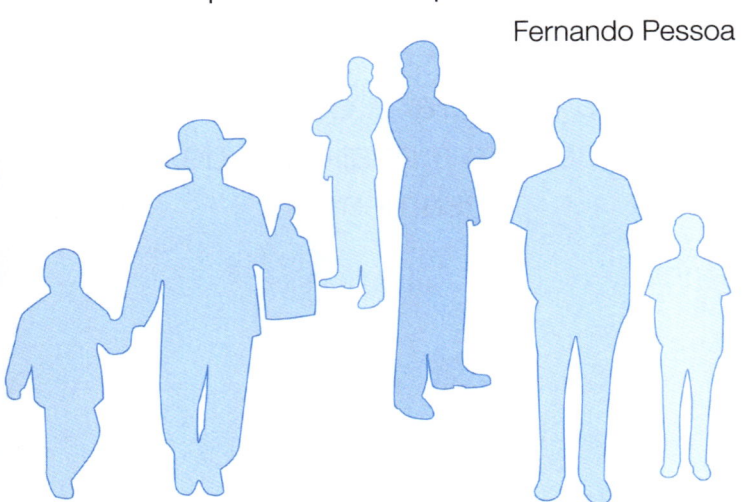

Fernando Pessoa

"Para melhorar a qualidade de vida, melhore a qualidade de seus pensamentos."

Brian Tracy

COLOQUE NO PAPEL COMO VOCÊ IMAGINA SUA QUALIDADE DE VIDA DAQUI CINCO ANOS. DESCREVA EM DETALHES ABAIXO:

"Não há nada como o sonho para criar o futuro. Utopia hoje, carne e osso amanhã."

Victor Hugo

"Passado: é o futuro, usado."

Millôr Fernandes

"Se queres conhecer o passado, examina o presente que é o resultado; se queres conhecer o futuro, examina o presente que é a causa."

Confúcio

O QUE PRECISO FAZER PARA TER QUALIDADE DE VIDA DESDE JÁ?

1- _____

2- _____

3- _____

4- _____

5- _____

"A maior descoberta de minha geração é que o ser humano pode alterar sua vida mudando sua atitude mental."

William James

"Às vezes tudo o que você tem na cabeça é uma dor de cabeça. Então relaxe!"

Hartman Jule

"Há um tempo em que é preciso abandonar as roupas usadas, que já têm a forma do nosso corpo, e esquecer os nossos caminhos, que nos levam sempre aos mesmos lugares. É o tempo da travessia: e se não ousarmos fazê-la, teremos ficado para sempre à margem de nós mesmos."

Fernando Pessoa

Por que resistimos às mudanças?

1. Tradicionalmente somos motivados por um ou outro dos mecanismos de DOR ou PRAZER;
2. Nos processos de mudança, geralmente checamos os aspectos negativos das mudanças;
3. Damos atenção à perda daquilo que conhecemos;
4. Damos menos atenção aos ganhos que podemos ter com as mudanças.

O ser humano nasce flexível e é fluído.
Ao morrer, o homem torna-se rígido e tenso.

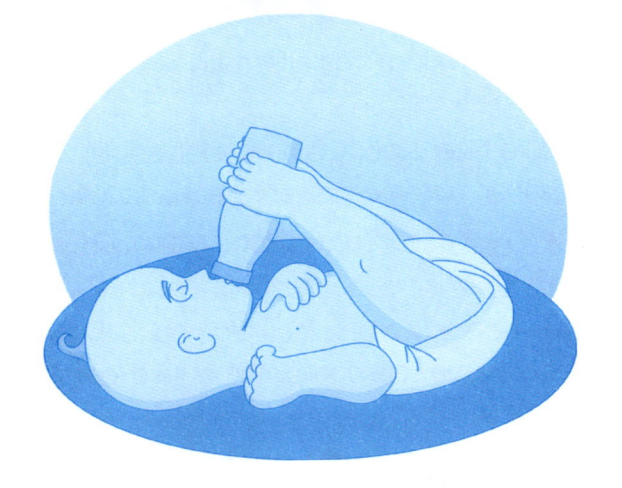

Dicas para ser mais flexível:

1. Exercite os dois lados do cérebro com práticas de relaxamento e respiração;
2. Interrompa padrões: caminhos, posição onde dorme na cama, pratos no restaurante;

3. Sempre procure três alternativas para atingir seus objetivos;
4. Procure fazer algo que nunca fez antes: desenhar, pintar, escrever poesia, dançar;
5. Experimente "ser" um crítico de arte, um artista, um mágico;
6. Uma vez por semana faça algo ou tenha uma atividade que seja completamente diferente em sua rotina;
7. Pratique alongamento físico no mínimo três vezes por semana;
8. Pratique ioga, tai-chi-chuan ou pilates.

Uma das maiores fontes de desequilíbrio é a maneira como lidamos com o tempo.

Deus foi democrático e deu para todos os seres humanos apenas 24 horas.

A quantidade de tempo é igual para todos.

Não importa a raça, a cor, o sexo, o local de nascimento, a religião ou a posição social.

A diferença está em como as pessoas lidam com o tempo.

Administrar o tempo é eleger prioridades:

1. Pense e escreva como você utiliza o seu tempo;
2. Avalie o que é prioritário para você: trabalho, saúde, esporte, família etc;
3. Verifique se você está dedicando o número de horas proporcionalmente ao que é importante para você;
4. Se não achar bom o resultado, seja responsável e mude. Sempre há uma maneira no curto, médio e longo prazo!

O QUE PRECISO MUDAR PARA TER MAIS EQUILÍBRIO E QUALIDADE DE VIDA?

O que ganho se conseguir as mudanças para ter qualidade de vida?

1 ....

2 ....

3 ....

4 ....

5 ....

"Sonhos sem ação são apenas desejos."

Emerson A. Ciociorowski

"Estabelecer prazos estimula seu inconsciente a buscar a sincronicidade na dança da vida."

Emerson A. Ciociorowski

> "A melhor maneira de predizer o futuro é criá-lo."
>
> Peter Drucker
>
> Austríaco (naturalizado norte-americano), foi o maior guru da administração do século XX.

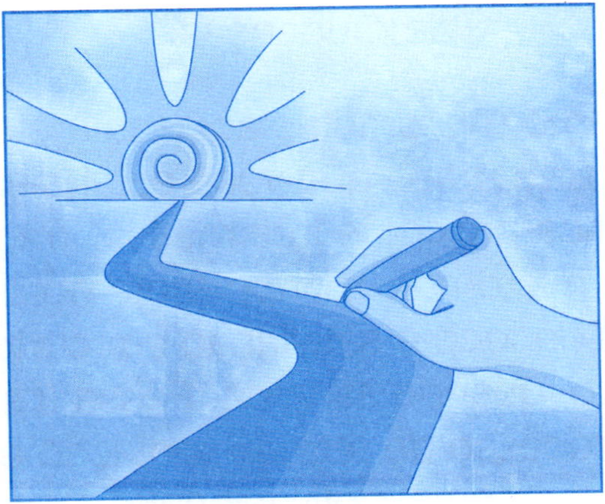

Estabelecendo micrometas de mudanças

Chamo micrometas aquelas metas de curto prazo que você estabelece para os próximos três meses. Traçar uma micrometa é importante porque lhe dá foco e satisfação em curto prazo, quando atingida. Passa a ser um processo de retroalimentação e de *inputs* motivacionais.

Minhas três micrometas de mudança para os próximos três meses:

1-

2-

3-

Dica:

A respiração consciente relaxa
física e mentalmente,
e nos torna mais flexíveis.

Desde a antiguidade, os chineses dizem que, com a respiração lenta e profunda, consegue-se maior absorção e manutenção da energia vital e isso ajuda na obtenção de maior grau de flexibilidade:

- Quando relaxamos, aumentamos consideravelmente o fluxo sanguíneo para os músculos;
- Há uma melhora também no fluxo dos líquidos que atuam nas articulações, evitando lesões articulares;
- O relaxamento diminui a tensão muscular e aumenta o vigor e a beleza.

"Se eu pudesse deixar algum presente a você, deixaria aceso o sentimento de amar a vida dos seres humanos. A consciência de aprender tudo o que foi ensinado pelo tempo afora. Lembraria os erros que foram cometidos para que não mais se repetissem. A capacidade de escolher novos rumos. Deixaria para você, se pudesse, o respeito por aquilo que é indispensável. Além do pão, o trabalho. Além do trabalho, a ação. E, quando tudo o mais faltasse, um segredo: buscar no interior de si mesmo a resposta e a força para encontrar a saída."

Mahatma Gandhi

Preocupar-se é
pré-ocupar-se de algo.
Ocupe-se, e não se
pré-ocupe.

"Não se preocupe, seja feliz."

Bobby McFerrin

Cantor de jazz novaiorquino. Autor da canção
"Don't Worry, Be Happy", que lhe deu um Grammy em 1988.

"Ninguém pode fazer você se sentir inferior sem o seu consentimento."

Eleonor Roosevelt

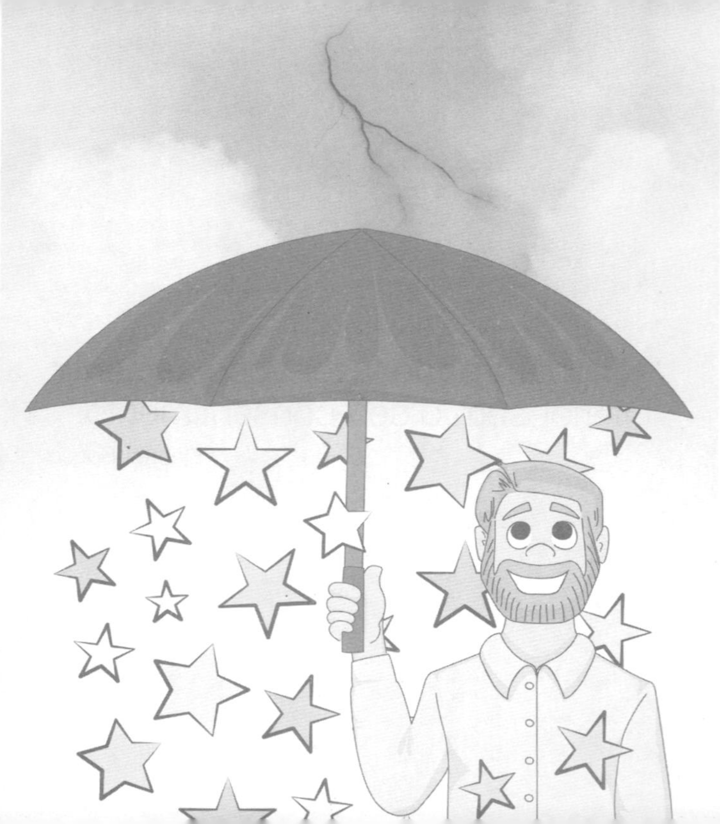

"Preocupações é que levam o espírito à falência."

Berry Clove

"Como percebemos a situação e como reagimos a ela é a base do nosso estresse. Se você focar e enxergar coisas boas em todas as situações, diminuirá seu nível de estresse."

Catherine Pulsifer

"Acreditar que você deve fazer tudo perfeito é uma bela receita para o estresse, e você certamente irá associar estresse com tarefas e criará condições para executar as tarefas por mais simples que possam parecer."

Steve Pavlina

"Hoje é o amanhã pelo qual nos preocupamos ontem."

Anônimo

"Não fique com medo do amanhã, pois Deus já está lá."

Anônimo

"Ter equilíbrio é um atributo dos grandes homens."

Leonardo Boff
Teólogo brasileiro, escritor e professor universtário.
Expoente da Teologia da Libertação no Brasil

"Todo ser humano é o autor da sua própria saúde ou doença."

Buda

A LENDA DA RECEITA PARA A FELICIDADE

Conta uma lenda que um rei, desejando saber qual era a receita da felicidade, mandou chamar um sábio que lhe deu um livro com apenas duas páginas, dizendo:

— Neste livro está inserida toda a receita para a felicidade e o resumo de toda a sabedoria. Quando estiveres aflito, desesperado, pressionado pelo mundo, não encontrando o caminho a ser percorrido, abra este livro e leia a primeira página apenas.

Assim também, quando estiveres sentindo a necessidade de compartilhar sua alegria e sua felicidade com o mundo, em função de seus sucessos, abra o livro e leia a segunda página.

Assim foi feito. Certa ocasião, o rei se encontrava encurralado em batalha com o país vizinho, prestes a perder tudo o que tinha, colocando em risco a sorte de seu povo. Não sabendo o que fazer, lembrou-se do sábio, pegou o livro e leu a primeira página. Lá estava escrito: "Isso passará!".

Enchendo-se de esperança, o rei conseguiu se recuperar de seu

ESTADO DEPRESSIVO, TRABALHOU COM AFINCO, DEU A VOLTA POR CIMA, VENCEU AS ADVERSIDADES E CONSEGUIU SUPERAR A SITUAÇÃO, VOLTANDO A TRAZER HARMONIA PARA O SEU POVO.

QUANDO ESTAVA FELIZ POR TER CONSEGUIDO VENCER E RESGATAR A PROSPERIDADE PARA TODOS, DESEJANDO COMPARTILHAR SUA ALEGRIA COM OS QUE ESTAVAM À SUA VOLTA, LEMBROU-SE DO SÁBIO, PEGOU O LIVRO E LEU A SEGUNDA PÁGINA. LÁ ESTAVA ESCRITO: "ISSO TAMBÉM PASSARÁ!".

Fim

Na verdade, este livro não tem fim porque a busca de seu *equilibrium* é uma constante. Afinal, são os desafios que irão promover seu aprendizado e seu desenvolvimento!

Uma boa jornada e seja feliz, em *equilibrium*.

Esta obra foi composta em CTcP
Capa: Rústica Couche Brilho 150g - Miolo: Offset 90g
Impressão e acabamento
Gráfica e Editora Santuário

Emerson A. Ciociorowski

Graduado em Economia pela Universidade Mackenzie, com especialização em Marketing pela NYU, em Nova York desempenhou funções na área comercial e relações corporativas na Carbocloro SA do Grupo Oxychem.

Pioneiro na introdução do conceito de *coaching* no Brasil, desde 1996 desenvolve trabalhos individuais e em grupos a partir de quatro alicerces: Planejamento Estratégico, Inteligência Emocional, Teoria de Valores e Teoria dos Talentos.

É membro fundador do Grupo de Estudos de Excelência em Coaching do Conselho de Administração – CRA-SP.

Consultor e palestrante tem trabalhado para empresas no Brasil e exterior.

Autor do livro: ***Executivo, o super-homem solitário*** com prefácio de Abílio Diniz, ***Executiva, a heroína solitária*** prefaciado por Amália Sina, é coautor do livro **Ser+Líder** onde aborda o tema Líder 2.0 e do ***Manual Completo de Coaching***.

www.tempusnet.com.br
www.facebook.com/ciociorowski
emerson@tempusnet.com.br